(Conserver la Couverture)

Publication dédiée au Peuple et à l'Armée.

APPENDICE AUX FASTES DE LA GUERRE D'ORIENT.

RÉSUMÉ HISTORIQUE

DES

CAMPAGNES DES FRANÇAIS

CONTRE LES RUSSES,

DEPUIS 1799 JUSQU'EN 1814,

SUIVIE D'UNE

ODE COMPOSÉE SUR LES RUINES DE SÉBASTOPOL,

PAR E. P***

Ancien officier de la Grande Armée au 4ᵉ hussards.

Prix : 50 centimes.

PARIS
LIBRAIRIE NAPOLÉONNIENNE D'EUGÈNE PICK,
RUE DAUPHINE, 18.

1856

APPENDICE AUX FASTES DE LA GUERRE D'ORIENT.

RÉSUMÉ HISTORIQUE

DES

CAMPAGNES DES FRANÇAIS

CONTRE LES RUSSES,

DEPUIS 1799 JUSQU'EN 1814.

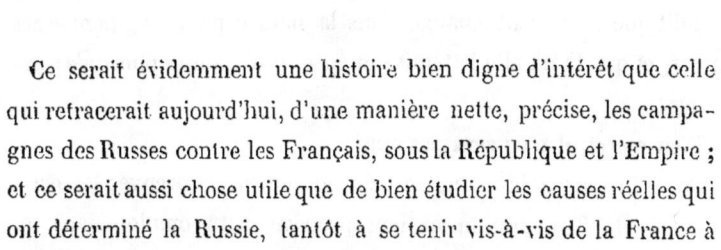

Ce serait évidemment une histoire bien digne d'intérêt que celle qui retracerait aujourd'hui, d'une manière nette, précise, les campagnes des Russes contre les Français, sous la République et l'Empire ; et ce serait aussi chose utile que de bien étudier les causes réelles qui ont déterminé la Russie, tantôt à se tenir vis-à-vis de la France à l'état de paix, tantôt à en sortir inopinément.

Mais cette histoire demanderait, pour être traitée sérieusement, un cadre trop grand, pour que nous puissions l'entreprendre, conjointement avec nos fastes militaires de Crimée. Ce que nous croyons convenable de faire, c'est d'ajouter comme annexe et appendice à ces fastes une revue chronologique, courte et rapide, des divers combats et batailles que nous avons livrés aux Russes avant la guerre de Crimée. On pourra par là faire une comparaison utile entre la solidité de nos troupes actuelles et la solidité de nos anciennes troupes, et cette comparaison ne sera pas au désavantage de notre nouvelle armée; on pourra voir aussi que le caractère militaire des Russes ne s'est pas modifié pendant la longue paix que nous avons traversée.

Ce sont toujours des soldats braves et obéissants que les soldats russes, mais ils sont toujours sans initiative : ils se font tuer, et ne savent pas décupler leurs forces, soit par la tactique, soit par la rapidité dans l'exécution.

La guerre d'Orient a naturellement ramené l'attention vers la puissance russe. Les historiens sont revenus à des appréciations que d'autres événements avaient mises dans l'ombre, et l'on a cherché à se rendre compte des ressources de la Russie, sans rien dissimuler de sa force, mais aussi sans l'exagérer, comme cela avait eu lieu trop souvent.

Au nombre des moyens d'appréciation, nous plaçons sans contredit l'étude des faits militaires historiques; car depuis 1814 à 1815, nous vivions sous un véritable prisme au sujet de la Russie : on aurait dit que tout avait changé dans la nature pour augmenter ses forces, et que là où elle jetterait son épée, il n'y aurait plus qu'à s'incliner.

Dieu merci, il n'en sera pas ainsi.

Notre histoire à la main, on peut en fournir la preuve; les écrivains de la Restauration avaient propagé cette opinion dans un intérêt bourbonnien, et les écrivains du règne de Louis-Philippe l'avaient également accréditée, afin de rendre le peuple français plus soumis, plus docile, et pour nous servir d'une expression consacrée alors, plus sage vis-à-vis de l'étranger.

Le gouvernement de l'empereur Napoléon III ne pouvait pas perpétuer cette croyance à l'omnipotence russe, et quand l'occasion s'est produite de se mesurer avec la Russie, il n'a pas hésité à le faire, sachant bien que nos soldats ne seraient ni moins braves ni moins dévoués que les soldats de Zurich en 1799, d'Austerlitz en 1805, et de la Moskowa en 1812; et c'est un fait bien digne de remarque, que durant toutes nos guerres avec les Russes, si on en excepte les débuts de la campagne de 1799 et la bataille de Novi, nous avons toujours obtenu sur eux l'avantage.

A l'époque où éclata la première révolution française, la Russie était en guerre avec la Turquie. En 1783, Catherine, la Sémiramis du Nord, s'empara de la Crimée, de l'île de Tuman, et de presque tout le Kouban, sous un prétexte frivole. Le roi de Georgie, Héraclius, se met sous la protection des Russes, et, dès ce moment, commence le déclin de l'influence ottomane.

En 1792, la France, l'Angleterre et la Prusse, puissances médiatrices, obtiennent pour l'empire ottoman le traité d'Issy (9 janvier); et la cession de la Crimée et du Kouban est confirmée à la Russie. Enfin, en 1793, s'opère surtout à son profit un second démembrement de la Pologne; et si nous ne voyons pas la Russie figurer dans la première coalition contre la France, ne l'attribuons pas, soit à des sentiments de tolérance pour les idées de 1789, soit à des sympathies. Ce serait une grave erreur : froidement ambitieuse, la grande impératrice de Russie achevait de détruire cette Pologne, qu'elle avait vouée à la mort. Catherine correspondait avec Voltaire, avec Diderot, visait au bel esprit, faisait même des petits vers; mais elle n'avait pas pour cela plus de goût pour les idées d'égalité que l'aristocratie russe elle-même, ni plus de respect pour les nationalités que le czar Pierre Ier.

A la mort de Catherine, les envahissements de son règne avaient augmenté de sept millions d'âmes la population de ses États; l'armée était de plus de quatre cent mille hommes, sans compter les Cosaques; la marine se composait de cinquante vaisseaux de ligne, vingt-sept frégates, vingt-cinq vaisseaux bombardiers et autres, et environ deux cents galères : une suite de prospérités inouïes avait produit ces immenses résultats ; la Révolution française même avait servi l'ambition moscovite.

En 1796 a lieu l'avénement de Paul Ier, Catherine II étant morte d'une attaque d'apoplexie, âgée de soixante-huit ans, après trente-cinq ans de règne.

Paul Ier était âgé de quarante-deux ans, et ouvertement hostile aux principes de la Révolution française ; aussi le vit-on, par des manœuvres secrètes, nous susciter des embarras ; on le vit proscrire avec un soin puéril de ses États tout ce qui venait de France ; des ordres sévères interdirent l'usage des chapeaux ronds et des pantalons, et les moindres transgressions aux nouvelles ordonnances sur le costume étaient souvent punies par le knout ou l'exil en Sibérie. Paul Ier était impatient de se mesurer avec nous, et ses ressentiments augmentèrent encore lorsque les cantons suisses, agissant sous les inspirations du Directoire, proclamèrent la République helvétique une et indivisible.

La paix de Campo-Formio avec l'Autriche n'avait pas de bases solides ; ce n'avait été, en réalité, qu'une trêve signée par cette puissance sous le coup des victoires remportées en Italie par le général Bonaparte.

Un congrès s'était ouvert ensuite à Rastadt (2 décembre 1797) pour traiter de la paix entre la France et l'Empire germanique, et désintéresser les petits princes allemands des bords du Rhin. Ce congrès traîna en longueur. Il est facile de voir que la paix n'en sortira pas.

Le 21 janvier, un traité d'alliance est conclu entre la Porte ottomane et le roi de Naples contre la République française. Le 23 du même mois, le général Championnet s'empare de Naples, et le roi Ferdinand se retire en Sicile. Bientôt (4 mars), l'Autriche dirige une armée commandée par le prince Charles contre l'armée dite du Danube, confiée au commandement du général Joubert ; enfin une deuxième coalition se forme contre la France, et dans cette coalition entrent cette fois les Russes, qui ont conclu aussi une alliance avec la Porte.

Les plénipotentiaires français à Rastadt menacent de la guerre si les gouvernements allemands laissent passer les Russes; mais on ne tient aucun compte au congrès de leurs menaces.

La seconde coalition réunit l'Angleterre, l'Autriche, une partie de l'Empire germanique, Naples, le Portugal, la Russie, la Turquie, les États barbaresques.

Les Russes se hâtent de se diriger vers l'Italie et vers la Suisse pour s'y mesurer avec les Français.

Ils étaient en route que le congrès de Rastadt n'était pas encore dissous, parce que la guerre, qui avait déjà été déclarée par la France à l'Autriche, n'avait été déclarée qu'à l'Empereur et non à l'Empire; mais à l'ouverture de la campagne, le cabinet de Vienne eut assez d'influence pour faire retirer la députation de l'Empire. Les plénipotentiaires français, Bonnier, Roberjot et Jean Debry, reçurent l'ordre de sortir de Rastadt dans les vingt-quatre heures. Ils partirent dans la soirée munis de sauf-conduits des généraux ennemis. A peine étaient-ils sortis de la ville, qu'ils furent attaqués par des hussards autrichiens, qui les assassinèrent lâchement; leurs voitures furent pillées, et les papiers de la légation enlevés. Bonnier et Roberjot restèrent sans vie au milieu de la route; Jean Debry, laissé pour mort dans un fossé, s'échappa à la faveur de la nuit, et revint en France. Ce forfait, inouï dans l'histoire des nations civilisées, le massacre prémédité de ministres revêtus d'un caractère sacré, excite un sentiment d'horreur.

On a longtemps accusé de cet attentat la cour de Vienne, le cabinet de Londres, les émigrés et le Directoire lui-même; mais il paraît avéré aujourd'hui que ce crime horrible a été commis à l'instigation de Caroline, reine de Naples, pour se venger des Français, qui venaient de l'expulser de ses États.

Le jour des représailles arriva, et au moment d'une grande mêlée, le régiment des hussards autrichiens auquel appartenait le détachement qui avait égorgé les plénipotentiaires fut exterminé par notre cavalerie, qui ne consentit à faire aucun d'eux prisonnier.

Venons maintenant aux opérations militaires.

Campagne de 1799.

Les débuts de la campagne de 1799 ne furent pas heureux pour nos armes.

L'Autriche, en recommençant la guerre avec la France, avait pensé avec raison qu'il était important de porter ses principales forces en Italie ; en conséquence, une armée de plus de soixante mille hommes, sous le commandement du général Mélas, occupa les positions du bas Adige, avec ordre de tenter les plus grands efforts pour chasser les Français des contrées de son ancienne domination.

L'armée française avait au plus quarante mille hommes ; le général Schérer, qui les commandait, voulut engager une affaire décisive avant l'arrivée des Russes qu'on attendait, et le 26 mars, ayant attaqué l'armée autrichienne, il obtint sur elle un avantage marqué dont il ne sut pas profiter, et il fut bientôt contraint d'opérer une retraite désastreuse.

Le célèbre général russe Souvarow, surnommé l'invincible, arrive à Trieste. Il amène d'abord avec lui quarante mille hommes de bonnes troupes, ce qui porte l'armée austro-russe à cent mille hommes. D'autres renforts russes viendront encore l'augmenter.

Le général Schérer donne sa démission, et le général Moreau le remplace (22 avril).

Bataille de Corrano.

Le général Moreau, dès qu'il fut investi du commandement de

l'armée, proposa dans un conseil de guerre d'évacuer sans délai le Milanais, et de se retirer dans le Piémont avec les trente mille hommes qui composaient toute l'armée. Cet avis ne prévalut pas, et pour ne pas compromettre le sort des troupes qui défendaient Rome, Naples et la Toscane, et qui effectuaient aussi leur retraite, il se détermina à se retrancher sur l'Adda, ayant la précaution d'en faire rompre les ponts. Malgré cela, il ne nous fut pas possible d'arrêter l'armée toute fraîche de Souvarow et toute pleine d'ardeur; sa renommée était grande et basée sur les nombreuses victoires qu'il avait remportées sur les Polonais et les Turcs; aucun général ne possédait mieux que lui le talent d'entraîner les soldats dans une bataille, et les siens avaient en sa fortune et en sa personne une confiance aveugle. Quand son ennemi était en retard, il le poursuivait sans relâche et savait profiter de ses avantages. En 1799, il avait déjà gagné soixante-trois batailles, ses grands succès le faisaient regarder comme invincible; il ne reculait devant aucun obstacle, et avait voué aux Français une haine profonde. Tel était l'adversaire que le général Moreau avait à combattre.

Les Français avaient trois points de défense sur l'Adda, et le 25 avril, Souvarow fit attaquer les trois points à la fois.

L'avant-garde russe se présenta d'abord devant Lecco, gros bourg situé en tête d'un pont qui traverse le lac de Côme; là où resserré par deux chaînes de collines, il a pour un moment la largeur d'un fleuve : un faible détachement de la division Serrurier l'occupait. A la vue des colonnes russes, nos soldats se sentirent saisis d'une indicible fureur, et ils se précipitèrent sur leurs ennemis avec une brûlante énergie; ils les firent d'abord reculer; puis, cédant au nombre, ils se replièrent sur la rive droite.

Le mouvement de l'ennemi n'était qu'une démonstration dont le but était de retenir Serrurier.

Dans la journée du lendemain 26, après une vigoureuse résistance, nos troupes furent forcées à Vaprio et repoussées du village de Pozzo. Le général Serrurier, séparé des autres corps de l'armée et entièrement enveloppé, essaya vainement de s'ouvrir un passage l'épée à la main; il fut forcé de capituler. Le 27, l'armée française acheva sa retraite sur Milan.

Moreau se retira d'abord au delà du Pô, puis au confluent du Pô et du Tonaro, puis aux environs de Gênes, pour faire sa jonction avec le général Macdonald, qui, arrivant de Naples par la Toscane, eut à soutenir trois combats contre Souvarow sur la Trébie (17, 18, 19 juin).

Macdonald, après deux jours de combat, avait, dans la journée du 19, franchi audacieusement la Trébie en face de l'ennemi, et l'avait attaqué sur toute la ligne, mais il fut rejeté après une lutte opiniâtre et terrible sur la droite du torrent, après avoir perdu environ douze mille hommes.

Les Austro-Russes s'emparèrent successivement de Turin, de la citadelle d'Alexandrie (23 juillet).

Ils se croient sûrs de marcher de succès en succès; mais leur illusion va bientôt cesser, car le général Moreau bat le général autrichien Bellegarde près de Tortone.

Un traité de subsides est passé entre la Russie et la Grande-Bretagne pour une expédition en Hollande, qui sera de dix-sept mille six cents hommes, six vaisseaux de ligne et cinq frégates.

Le 27 juin, l'armée de Naples, commandée par Macdonald, fait sa jonction avec l'armée d'Italie, aux ordres de Moreau, près de Gênes, et Macdonald quitte l'armée tout aussitôt, ne voulant pas se trouver second sous les ordres du général Moreau.

Joubert remplace Moreau dans le commandement.

Joubert était brave et intrépide, plein de fougue et d'audace, mais n'avait pas toutes les connaissances militaires qu'exigeait un grand commandement.

La perte de la bataille de Novi, dont nous avons à parler, a dû être attribuée en partie à son défaut d'entente de grandes opérations.

BATAILLE DE NOVI.

Joubert, en prenant le commandement de l'armée d'Italie, avait conçu l'espoir de relever le moral de cette armée par un fait d'armes éclatant : il voulait, d'ailleurs, secourir les places de Mantoue et de Tortone. Les démarches et les mouvements de Joubert firent bien vite juger à Souvarow que le général français était disposé à livrer bataille, et il s'en réjouit.

La ville de Novi, auprès de laquelle se trouvait notre armée, est entourée d'une vieille enceinte, et est bâtie sur l'arête extrême. Là, le terrain s'affaisse brusquement, et l'on entre dans une vaste plaine, où s'élèvent Tortone et Alexandrie. Joubert rangea son armée sur cette crête escarpée ; la position était excellente. Battu, Gavi couvrait sa retraite ; vainqueur, on se répandait jusqu'au Pô, et l'on dégageait Tortone. La droite de l'armée, sous le général Saint-Cyr, s'étendit de Novi à la Scrivia ; le centre s'établit à gauche de Novi, la gauche s'appuya sur des ravins dont Postarana est entourée. Le général en chef n'espérait pas braver seulement l'effort des coalisés, il songeait même à pousser un détachement jusqu'à Tortone, pour retenir une partie de leurs forces, lorsque Souvarow donna l'ordre d'engager le combat. Il se borna à prescrire à ses lieutenants d'attaquer, sans arrêter un plan général d'opérations.

Le général Kray fut le premier en ligne. Notre gauche qu'il attaqua fut d'abord ébranlée. Joubert s'en aperçoit, il y vole avec ses aides de camp, se place au milieu de ses gardes à cheval, et commande une charge à la baïonnette. En tournant son cheval vers le centre, une balle le frappe et pénètre jusqu'au cœur. Il tombe, et, près d'expirer, il prononça ces mots : « *Couvrez-moi, afin que les Russes croient que je combats toujours parmi vous.* »

Ce furent ses dernières paroles ; on le porta sans vie au quartier-général.

Le danger qui menaçait l'armée décida les chefs à déférer le commandement à Moreau ; Moreau accepte, paie intrépidement de sa personne, et le combat continue avec fureur. Le général Kray, qui cherche à tourner Novi, ne peut y réussir ; alors le général Souvarow fait attaquer simultanément les hauteurs de Novi par le général russe Delferdem, qui était au centre, et par le général Mélas qui commandait l'aile gauche. Malgré l'ardeur que les Russes montrèrent dans cette attaque, ils n'y obtinrent pas plus de succès que le général Kray n'en avait obtenu auparavant. Le combat devient général ; il se fait un horrible carnage sur le flanc des deux armées. Souvarow ayant vu le corps de droite du général Kray repoussé deux fois, se met lui-même à la tête de toutes les divisions du centre, et dirige vers les trois heures une nouvelle attaque sur les plateaux de Novi, au centre des lignes françaises. Les Français opposent une opiniâtre résistance ; les Russes sont contraints de se replier, et les brigades françaises qui défendent Novi et les hauteurs environnantes, prennent l'offensif : mais nos troupes, voyant devant elles une armée supérieure, n'osèrent pas profiter de leurs avantages en poursuivant les ennemis dans la plaine.

Souvarow, voyant notre hésitation, ordonne une nouvelle attaque, tandis que Moreau fait ses dispositions pour assurer sa retraite.

Nous voyant presque enveloppés dans Novi, nous nous décidons à l'abandonner.

La retraite se fit sur Ovada, et l'arrière-garde éprouva quelques désordres.

La division Grouchy, attaquée la première à cinq heures du matin, combattait encore le soir à sept heures. Cette division avait été engagée onze fois dans la même journée : son intrépide général dirigeait tous ses mouvements et commandait les charges un drapeau à la main ; un boulet emporta ce drapeau, Grochy éleva son chapeau au bout de son sabre, et ramena ses soldats charger l'ennemi.

Jamais on n'avait vu un combat aussi acharné.

« C'était peu, dit un historien de cette bataille, du fer destructeur
« des mousquets et de l'artillerie, pour porter la mort dans tous les
« rangs ; la redoutable baïonnette, cette arme si meurtrière et si fu-
« neste, faisait couler des ruisseaux de sang. Les armes venaient-elles
« à manquer, c'étaient des combats d'homme à homme ; on se pre-
« nait aux cheveux, on se massacrait impitoyablement sur tous les
« points de la ligne. »

La nuit seule put mettre fin à cette lutte meurtrière, et quand on en lit les détails, on croit lire un bulletin venant de Crimée, un récit des combats de Malakoff ; c'est la même frénésie de part et d'autre, la même ardeur de la victoire ; mais, à Novi, nous nous retirons devant des forces par trop formidables, tandis qu'à la prise de Sébastopol c'est le contraire qui arrive.

Souvarow, qui était depuis longtemps façonné à toutes les horreurs de la guerre, avoua qu'il n'avait jamais vu de journée aussi sanglante ; et le général autrichien Mélas, écrivant à sa cour, s'exprimait ainsi : « *Cette victoire nous a coûté bien cher.* »

En effet, les alliés eurent dans cette journée dix mille hommes tués, sept mille blessés, et laissèrent deux mille prisonniers. Nos pertes furent considérables, mais un peu moindres cependant.

La bataille fut incertaine, jusqu'au moment où le général Mélas put tourner notre aile droite.

Championnet, dans le même moment, descendait les cols de Suze, de Fenestrelles et du petit Saint-Bernard. Bientôt le drapeau tricolore ne flotta plus dans toute l'Italie qu'à Ancône, où commandait le général Meunier. Nous avions en cette campagne perdu tout ce que nous avions conquis en Italie. Meunier, pendant six mois (de juin à novembre), épuisa les efforts de l'ennemi, et lorsqu'il se rendit, sa garnison en armes traversa, pour rentrer en Savoie, les cantonnements des armées impériales qui avaient conquis la Lombardie.

Souvarow, après la bataille de Novi, se rend en Suisse pour y combattre Masséna, et le général Mélas prend la direction des opérations militaires en Italie.

A l'aspect des cimes glacées de Saint-Gothard, les soldats russes découragés jetèrent leurs armes et refusèrent de marcher : les supplices usités en Russie, la bastonnade et le knout, furent inutiles pour les faire avancer. Il en fut de même des exhortations du prince Constantin, fils de Paul Ier, qui se trouvait à l'armée depuis le mois de mai. Alors Souvarow a recours à un moyen extrême pour obtenir l'obéissance de ses soldats : il fait creuser une fosse, se déshabille, s'étend dedans, et s'adressant aux mutins : « Couvrez-moi de terre, « dit il, et abandonnez ici votre général ; vous n'êtes plus mes en- « fants, je ne suis plus votre père, je n'ai plus qu'à mourir. » Ces paroles éloquentes obtiennent un succès complet ; les grenadiers russes se précipitent vers la fosse, en tirent leur général, le tiennent quelque temps entre leurs bras en poussant des hurlements effroyables, et le supplient de les conduire sur le champ à l'ennemi, en jurant d'escalader les sommets les plus escarpés de Saint-Gothard. Souvarow profite de cet élan, et ses grenadiers enlèvent le poste d'Oirole que défendent pendant douze heures six cents Français (23 septembre).

Masséna, qui avait combattu contre l'archiduc Charles avec une grande vigueur, fut obligé de repasser le Rhin pour occuper le pays des Grisons. L'archiduc vint prendre possession à Stokack, où il rencontra le général Jourdan et son armée. Jourdan, qui voyait sa retraite assurée par Schaffausen et les montagnes noires, se décida à livrer bataille ; et l'issue de cette bataille ne fut pas heureuse.

Son armée, dite du Danube (25 mars), ne comptait que quarante mille hommes, et eut à combattre environ quatre-vingt mille Austro-Russes.

C'est le 25 mars qu'elle se livra.

Le prince Charles, dans cette bataille, eut sept mille hommes tués ou blessés, et perdit deux pièces de canon. Notre armée ne put contraindre, malgré de glorieux efforts, les Impériaux à abandonner la position principale qu'ils occupaient à Stockack ; ils ne s'y maintinrent qu'au moyen d'une artillerie qui les protégeait, tandis que les Français ne purent répondre à leur feu faute de munitions. Le champ de bataille fut occupé dans la nuit du 26 par nos troupes ; elles firent plus encore, elles s'y maintinrent jusqu'au lendemain, quoiqu'elles manquassent de toutes les provisions nécessaires, se trouvant sans pain, et n'ayant ni viande, ni eau-de-vie, ni fourrages ; et la retraite ne s'opéra que par suite de ce manque de vivres et de munitions. Au moment où l'action des coalisés allait converger presque entièrement vers la Suisse, il arriva que la mésintelligence se mit parmi eux ; Souvarow se plaignait amèrement de ne pas avoir été secondé, et la marche de l'archiduc Charles, en Suisse, ordonnée sur ces entrefaites par le cabinet de Vienne, mécontenta celui de Saint-Pétersbourg. Paul Ier ordonna à son général en chef d'abandonner les Autrichiens en Italie, et de se porter avec le peu de troupes qui lui restait à la rencontre du général Korsakow, et de prendre le commandement de toutes les forces russes qui entraient en Helvétie. Au moment où ils y entraient, nous avions eu une glorieuse affaire avec les Autrichiens ; nous les avions défaits à la bataille dite du *mont Alpis*, et cette bataille ne fut que le prélude de combats heureux qui durèrent du 18 août au 25 septembre.

Le général Lecourbe, avec moins de deux mille hommes, arrête pendant trois jours l'armée russe, forte de trente mille hommes ; et le général russe, harassé par de nombreux combats, manquant de vivres et de fourrages, et n'ayant pu recueillir les débris des corps d'armée des généraux Hotz, de Korsakow, prit le parti de s'enfoncer dans la vallée des Grisons. Sa retraite fut tellement précipitée, qu'il abandonna ses blessés et la plus grande partie de son artillerie et de ses bagages.

La division du général Garan achève de disperser le corps de Korsakow, et s'empare de Coustonne. Ainsi se termina cette longue suite d'engagements qui eurent lieu durant quinze jours sans interruption, et que les historiens militaires ont cru devoir désigner sous le nom générique de bataille de Zurich. La victoire de Masséna mit un terme aux succès des alliés.

Souvarow, furieux d'avoir échoué dans son expédition, accusa les Autrichiens de lâcheté et de trahison, et il ramena dans sa patrie ses troupes au nombre de trente mille environ. C'était là ce qui lui restait de ces quatre-vingt mille soldats que Paul Ier avait fournis pour son contingent dans la coalition.

Les Russes ne combattirent pas seulement la France en Italie et en Suisse.

Dans cette mémorable campagne de 1799, les Anglais débarquèrent en Hollande une armée de cinquante mille hommes, dont vingt-quatre mille Russes, sous les ordres du duc d'York; ils y rencontrèrent l'intrépide Bruno, qui, à la tête d'une armée franco-batave de trente mille hommes, remporta l'importante victoire de Berghen (19 septembre).

Le 6 octobre, ce même général défait de nouveau les Anglo-Russes à Kastrigou.

Ici finit pour nous, avec la retraite des Russes, la campagne de 1799.

Campagne de 1805.

En 1805, nous voyons les Russes reparaître de nouveau sur les champs de bataille.

Bien des événements considérables se sont accomplis depuis la campagne de 1799.

D'abord, Paul Ier a cessé d'exister. Il avait exaspéré la noblesse russe par la rigueur de ses réformes militaires. Plein d'estime et d'admiration pour Napoléon, premier consul, il avait suscité contre lui la haine de l'ambassadeur anglais, et le 23 mars 1801, il succomba victime d'une conspiration de palais.

Alexandre Ier, son fils, lui succède; il se montre tout d'abord libéral, humain, rappelle les bannis, et ne paraît pas devoir s'écarter vis-à-vis de la France des vues pacifiques de l'empereur Paul Ier; mais, on voit bientôt la Russie accroître ses forces de terre et de mer. Odessa, qui date de vingt ans à peine, reçoit pour gouverneur un Français émigré, le duc de Richelieu, et des liens secrets se nouent entre la cour de Russie et l'Angleterre.

1804 voit un grand changement s'opérer dans la forme du gouvernement français ; Napoléon, premier consul, est proclamé Empereur. Les suffrages du peuple, exprimés sur des registres, accordent l'hérédité de la couronne impériale à la famille de Napoléon Bonaparte. Voici le résultat du dépouillement des registres : 3,572,329 pour ; — contre, 2,569 (6 novembre 1804).

Napoléon avait à peine été élu Empereur, qu'on vit naître les germes de nouvelles dissensions avec la Russie. Ainsi, l'empereur Alexandre demande que le royaume de Naples et l'Allemagne septentrionale soient évacués par nos troupes, et que la maison de Sardaigne soit indemnisée de ses pertes ; et l'Empereur d'Allemagne, quand Napoléon a reçu le titre d'Empereur, prend le titre d'Empereur d'Autriche, avec le nom de François Ier. On préludait à une nouvelle coalition, et bientôt commence l'immortelle campagne de 1805, qu'on peut appeler la campagne d'Austerlitz.

Les Autrichiens sont les premiers à entrer en ligne. L'armée française, forte de cent-soixante mille hommes, y compris la garde, a passé le Rhin (1er octobre).

Après divers combats livrés aux Autrichiens, nous occupons Braunaw, Lanbach, Vels et Lintz.

Le maréchal Ney gagne la bataille d'Echingen (14 octobre), et, le 28, l'empereur Napoléon force le général Nurck à mettre bas les armes (capitulation d'Ulm). Jusqu'alors, les Russes n'ont pas encore paru.

Le 4 novembre, nous nous trouvons aux prises avec eux au combat d'Amsteltem.

Les Russes, dans cette rencontre, sont attaqués par les grenadiers du général Oudinot et par la cavalerie de Murat, sur les hauteurs d'Amstelten ; ils furent battus et chassés de toutes leurs positions ; ils eurent quatre cents hommes tués et quinze cents prisonniers.

Un nouveau combat se livre à Diernstein contre les Russes (14 novembre).

Ce jour-là, le maréchal Mortier, à la tête de quatre mille hommes, tient tête à l'armée russe depuis six heures du matin jusqu'à quatre heures du soir, et met en fuite tout ce qui ose lui résister.

Les Russes, au début de cette campagne, ne se montrent pas aussi opiniâtres que dans la campagne de 1799.

Le maréchal Mortier, ayant pris le village de Loiben, chacun songeait au repos; mais les Russes cherchèrent à nous cerner, en faisant passer deux colonnes par des gorges difficiles; cette manœuvre ne put pas échapper au maréchal Mortier. Entouré par l'ennemi sur quatre lignes de profondeur, il forme ses troupes en colonne d'attaque, afin de le percer; les compagnies de fusiliers demandent à marcher les premières, et l'obtiennent. Entouré par les Autrichiens, Mortier se fait jour à travers leurs lignes; et pendant ce temps-là, un corps russe avait complètement été mis en déroute par le 9e d'infanterie légère et le 32e de ligne. Tous les projets des alliés furent déconcertés par ce combat : ils venaient d'être battus, étant six contre un.

Les Russes avaient précipité leur retraite sur Brunn, où ils joignirent l'empereur Alexandre, qui venait de sa personne prendre part à la guerre. L'empereur Alexandre amenait avec lui de nombreux renforts: mais, de son côté, l'armée française fut aussi renforcée par des troupes venant d'Italie.

Le général russe Kutusow concentra ses troupes dans des positions formidables dont le village d'Austerlitz était le centre. Les Russes se trouvaient là réunis au nombre d'environ cent mille, dont vingt-cinq mille Autrichiens; et Napoléon ne pouvait engager dans l'action qui se préparait que soixante-dix mille hommes. Malgré cette disproportion numérique, l'empereur Napoléon ne douta pas un moment du succès, et voyant les mouvements opérés par les Russes qui se disposaient à livrer bataille : « Avant demain au soir, dit-il, cette armée sera à moi. »

Enfin se lève le soleil du 2 décembre. L'ennemi est assis dans ses positions et semble vouloir s'y tenir immobile; mais par une tactique habile, on saura bien l'en arracher. Napoléon, feignant de s'être trop avancé, fait faire à ses troupes un mouvement de retraite, et a soin qu'elle semble s'opérer avec quelque confusion. Le général russe tombe dans le piège qui lui est tendu; on le voit aussitôt lancer ses colonnes sur l'armée française, croyant pouvoir la couper en deux tronçons; cette faute avait été prévue : la retraite simulée de Napoléon avait eu pour objet de faire sortir l'ennemi de ses positions, et de se poser sur un terrain favorable et choisi à l'avance.

Les Russes, au lieu de trouver des régiments marchant sans ordre, sans direction bien arrêtée, se trouvent tout à coup face à face d'une armée admirablement rangée en bataille ; le choc est terrible, la garde impériale russe se mesure pour la première fois avec la garde impériale française, et celle-ci a l'avantage ; nous cherchons à nous emparer des hauteurs de Pratren et c'était un grand point. Tandis que les Russes nous les disputaient encore, le grand-duc Constantin tenta un dernier effort pour conjurer une déroute. Il attaqua avec impétuosité les troupes commandées par Bernadotte. Les tirailleurs commencèrent le combat par une fusillade très-vive ; et, après avoir disputé le terrain, il ne se retirèrent que lorsque le grand-duc ordonna la charge à la baïonnette, en même temps une canonnade terrible s'engagea de part et d'autre, et la mitraille fit un horrible ravage. Le grand-duc, croyant décider la victoire, s'approcha de nos lignes ; mais le maréchal Bessières, qui se trouvait placé dans les intervalles de l'infanterie française, fit avancer la cavalerie de la garde qu'il commandait et fondit sur les Russes avec une telle impétuosité, que toute résistance devint bientôt impossible. La réserve du grand-duc, toute composée de la garde impériale russe et bien plus nombreuse que la garde impériale française, fut extrêmement maltraitée, et les chevaliers-gardes, qui en faisaient partie, perdirent tant de monde, que leur corps se trouva absolument désorganisé et hors d'état de paraître en ligne.

Aux ailes de l'armée, nous n'avions pas moins de succès : Lannes et Murat à droite et Soult à gauche se signalaient par des prodiges de valeur.

L'ennemi est forcé de reculer sur tous les points, et la déroute est telle, que six mille hommes se noient en traversant l'étang de Sokolnitz.

Plusieurs colonnes se trouvent acculées à des lacs dont la gelée avait fait prendre la surface ; elle se risquent sur cette dangereuse voie : la glace rompt, et le lac d'Augeneld engloutit vingt mille hommes avec le matériel qui les suivait.

Jamais défaite ne fut plus décisive. Jamais on ne vit une armée aussi formidable se trouver ainsi brisée, décimée en si peu d'heures.

Ce n'est pas assurément que les soldats russes manquèrent d'intrépidité ; loin de là, ils combattirent bravement, selon leur coutume, mais ils furent mal dirigés, tandis qu'au contraire, Napoléon, dans cette bataille d'Austerlitz, déploya toutes les ressources de son beau génie militaire et fut admirablement secondé.

On a appelé cette bataille : bataille d'Austerlitz ou des trois empereurs, parce que d'une part l'empereur Napoléon se trouvait à la tête de l'armée française, et que d'autre part, on voyait figurer dans les rangs de l'armée ennemie l'empereur Alexandre et l'empereur d'Autriche,

La bataille d'Austerlitz perdue, l'empereur d'Autriche se hâta de conclure la paix avec la France et se retira de la coalition. Il n'en fut pas de même des Russes, qui continuèrent la guerre, ayant pour principaux auxiliaires les Prussiens, qui vont essuyer un douloureux échec.

Campagnes de 1806 et 1807.

Après la bataille d'Iéna, on peut dire qu'il n'y avait plus d'armée prussienne, elle avait été anéantie dans ce désastre, et la Prusse, cette puissance fondée, agrandie par l'épée et qui naguère était si florissante, si orgueilleuse, était, de par l'épée, effacée de la coalition ; nous verrons bien encore quelques débris de ses troupes s'agiter çà et là et chercher à se réunir comme les tronçons d'un serpent mutilé, mais sans pouvoir y réussir. C'est aux Russes maintenant qu'il faut songer, car ils s'avancent en toute hâte, quoique tardivement, au secours des Prussiens. On crut d'abord que le roi de Prusse s'empresserait de faire la paix après la bataille d'Iéna ; il en avait eu d'abord l'intention, mais cédant aux insinuations de la Russie, il se décida à continuer la guerre et ne voulut pas ratifier l'armistice qu'il avait lui-même proposé. Dès que Napoléon, qui se trouvait alors à Berlin, eut appris cette nouvelle (25 novembre), il s'élança vers la Pologne avec une armée formidable.

Nos forces présentaient un effectif de deux cent mille hommes, répartis en deux grands corps d'armée ; le 10ᵉ corps était composé de Saxons, de Badois, de Polonais, et était destiné à faire le siège de Dantzich, sous le commandement du maréchal Lefebvre.

Murat, à la tête de sa belle cavalerie, poussa sur Lowich une reconnaissance, dont l'effet fut de faire reculer les Russes jusqu'à Varsovie ; on les suivit, ils abandonnèrent la ville, replièrent le pont de bateaux sur la rive droite et laissèrent une arrière-garde dans le faubourg de Praga. Les Polonais nous accueillirent comme des libérateurs; ils croyaient que l'heure de la délivrance avait sonné pour eux, que leur nationalité détruite dans le sang allait renaître de ses cendres : vain espoir; les événements en décidèrent autrement. L'empereur Napoléon se montra fort touché des marques de dévouement qu'ils lui prodiguèrent, et l'on mit à profit, pour battre les Russes, et leur zèle et leur courage. C'est le 28 novembre que l'armée française avait fait son entrée à Varsovie.

L'armée russe s'était retirée devant nous, mais le mouvement de retraite s'arrêta à Ostrolenka, et bientôt même cette armée fit une marche en avant vers l'Ukra et ses nombreux affluents, afin de reconquérir l'espace entre le Bug et la Vistule. Napoléon déjoua ces projets, et l'armée française se dirigea en toute hâte vers le Bug. Plusieurs combats se livrèrent successivement, le 23 décembre à Kzarnow, le 24 à Nasielk, le 25 à Mohrangen, le 26 à Pultusk, et enfin à Golymin, dans lesquels nous eûmes constamment l'avantage.

A Golymin, on était d'abord en nombre égal; les Russes étaient postés dans le village et dans le bois qui l'environne; l'infanterie de Davoust les chassa pied à pied et finit par les entasser dans le village. A ce moment Augereau approchait, et si l'on eût pu saisir la route de Pulstuck, ils eussent été enveloppés. Davoust l'essaya, il détacha sur sa droite une brigade de dragons pour leur couper la retraite; mais les chevaux s'embarrassèrent dans un terrain marécageux, une nuée de tirailleurs les arrêta, la manœuvre manqua, et l'ennemi se hâta de se retirer par la seule ouverture qui lui restât. Il prévint Soult à Makow, d'où il gagna Ostrolenka; l'armée coalisée, considérablement affaiblie après ces divers combats, était désormais séparée en trois corps, et la grande armée avait réussi à se concentrer au centre des routes par lesquelles ils pouvaient déboucher. L'affaire de Golymin finit la campagne active de 1806. Cette campagne n'a été en quelque sorte que le prélude des coups décisifs qui vont être portés dans la mémorable campagne qui va suivre.

L'année 1807 commence, et avec elle le réveil de la grande armée que les Russes ont provoqué dans ses cantonnements; et le 27 janvier, le maréchal Bernadotte, qui était à Elbing, instruit que les Russes étaient dans ses parages, se porta sur Morhingen avec la division Drouet. A onze heures du matin, le général Pactod était déjà aux mains avec l'ennemi ; sur-le-champ, Bernadotte fit attaquer, la mêlée fut très-vive, le drapeau du 9ᵉ de ligne fut un moment enlevé par l'ennemi; mais ce brave régiment, désespéré d'avoir perdu le symbole de l'honneur français, s'élance sur l'ennemi avec le courage du désespoir, l'écrase et parvient à ressaisir son drapeau. Notre ligne se précipita ensuite sur la ligne russe, la fusillade devint très-meurtrière, on tirait à bout portant. Tout à coup, le général Dupont arrive sur le champ de bataille, la droite de l'ennemi est tournée ; un bataillon du 32ᵉ s'élance avec impétuosité sur les Russes, les met en désordre et répand au milieu d'eux le carnage et la mort ; l'ennemi lâche prise, on le poursuit l'épée dans les reins. Après cet échec, l'avant-garde de l'armée russe se retira sur Liebstod, où elle fut renforcée par plusieurs divisions.

Murat rencontre l'avant-garde russe à Passenheim, la fait charger par plusieurs colonnes de cavalerie et prend la ville de vive force. Du 1ᵉʳ au 6 février, nous avons encore l'avantage dans diverses rencontres. Nous marchions vers une affaire décisive, vers une de ces grandes batailles que Napoléon qualifiait de coups de tonnerre.

BATAILLE D'EYLAU.

Dans la nuit du 6 au 7 février, les deux armées furent en présence.

Le 7 février, Murat et Soult, marchant à la tête de notre principale colonne, trouvèrent les approches d'Eylau fortement défendues, et ils combattirent vivement pour s'emparer de cette petite ville. Cependant on emporta la position, les choses en restèrent là pendant la nuit. Le 8 février, quatre-vingt mille Russes se trouvèrent, dès la pointe du jour, sous les armes, occupant un espace de terrain qu'aurait pu tenir une armée de trente mille hommes, ils s'avancent en colonnes hérissées d'artillerie à une demi-portée de canon et commencent sur la ville une horrible canonnade. L'artillerie française y répond avec cent cinquante bouches à feu qui font de vastes trouées parmi les colonnes de l'armée russe. Les tirailleurs cherchaient à s'emparer d'Eylau à l'instant où Napoléon y arriva.

Il prend aussitôt des dispositions qui feront échouer toutes les attaques des Russes ; notre artillerie les décimait, et, voulant se soustraire à ses coups n'importe par quel moyen, ils tentèrent d'enlever la ville en se jetant sur la droite et en attaquant par notre gauche la position dite du Moulin-à-vent. Tout le choc de l'armée russe fut alors soutenu par quarante mille Français ; le corps du maréchal Augereau dut charger les tirailleurs ennemis qui s'avançaient jusqu'au bas du cimetière, appuyer la gauche du général Saint-Cyr et former une ligne oblique depuis le village jusqu'aux positions du maréchal Davoust. La gauche se trouva dégagée dès le commencement de ses manœuvres ; mais une neige abondante et un brouillard épais étant survenus pendant une demi-heure, furent cause que la tête de la colonne du général Augereau se dirigea trop à gauche. Napoléon, aussitôt que la neige eût cessée, s'aperçut de la fausse direction que les colonnes avaient prise et fut obligé de recourir à de nouveaux moyens.

L'ennemi parut prêt un moment à pénétrer dans l'intervalle que la fausse direction du 7e corps avait laissé entre sa droite et la gauche de Soult ; aussitôt Napoléon lance dans l'intervalle Murat avec quatre divisions de cavalerie, soutenues par Bessières et la garde. Cette masse formidable écrasa la cavalerie russe, rompit les deux premières lignes d'infanterie et traversa le champ de bataille dans toute sa largeur ; enfin après avoir fourni, non sans perte, cette charge brillante, elle détruisit une colonne de quatre mille hommes qui s'était aventurée jusqu'aux maisons d'Eylau. Pendant ce temps, Davoust, s'étant déployé perpendiculairement aux lignes ennemies, la gauche à Serpollen, commença à pousser leur gauche sur le centre ; elle occupait le plateau, dont il s'empara, et à trois heures du soir couronna sa position. L'ennemi l'attaqua trois fois, et trois fois fut repoussé. Le champ de bataille nous resta, et, dès ce moment, la victoire fut décidée. Cette journée coûta aux Russes des canons, des bagages, six mille morts et vingt mille blessés, dont le plus grand nombre resta prisonnier. Il périt bien des braves de l'armée française, et bien des traits d'un rare courage s'y firent remarquer. Ainsi, Napoléon donne l'ordre à un bataillon de sa garde de se porter en avant pour arrêter une colonne russe qui s'avançait vers nous ; on commande aux grenadiers de tirer. Non, répondirent-ils, nous allons aborder à la baïonnette, ce qu'ils firent, en effet, et avec succès. Le maréchal Augereau était attaqué de rhumatismes qui paralysaient tous ses mouvements ; tout à coup il entend le bruit du canon, se fait attacher sur son cheval, et, n'écoutant que son courage, il vole au grand galop à la tête de son corps : il y fut constamment exposé au plus grand feu et ne quitta le champ de bataille qu'après avoir été blessé ; plusieurs généraux furent tués et blessés.

L'armée bivouaqua sur le champ de bataille dans la nuit du 8 au 9 février. Les Russes furent, après cette bataille, battus dans deux engagements, l'un sur la route de Nowagorod, l'autre dans la ville d'Ostrolenka (16 février), et la rigueur de la saison força les deux armées à prendre leur cantonnement.

L'empereur Alexandre arriva à Memel pour se mettre à la tête de son armée. A partir du 16 avril, les hostilités recommencèrent, et nous avons l'avantage dans plusieurs combats. Mais ils ne purent détourner l'attention générale qui était concentrée sur Dantzick, vaste forteresse qui était assiégée par le maréchal Lefebvre.

Quinze mille Prussiens et six mille Russes formaient sa garnison qui avait, en outre, une artillerie nombreuse, des munitions considérables. Elle pouvait faire une vigoureuse résistance. Mais la garnison, après un siége de deux mois et cinquante et un jours de tranchées, se décida à capituler (26 mai). Toute la précision de l'artillerie, toute la supériorité du génie parurent avec éclat dans ce siége mémorable. Le maréchal Lefebvre fut créé duc de Dantzick et on donna de nombreuses décorations aux braves qui l'avaient secondé. En nous rendant maîtres de l'embouchure de la Vistule, la prise de Dantzick privait les alliés d'un appui des plus importants, ce qui ne les empêcha pas de rompre des négociations de paix entamées depuis quelque temps.

BATAILLE DE FRIEDLAND.

Les victoires d'Iéna et d'Eylau avaient mis Berlin et Varsovie au pouvoir des Français ; mais ces résultats n'étaient pas suffisants pour rompre la coalition. Il fallait qu'une victoire nouvelle, éclatante, vînt la briser, et cette victoire, nous la remportâmes le 14 juin 1808, à Friedland,

Après le siége de Dantzick, les Russes sont battus dans des rencontres diverses ; le 5 juin, à Spanden, le 27e régiment d'infanterie légère, chargé de la défense du pont, est attaqué par cinq régiments russes qui essayent d'enlever le pont par escalade ; mais ce brave ré giment les mit en déroute. On trouva dans les abatis qui protégeaient la tête du pont trois cents morts et six cents blessés.

Le 6, les Russes sont également battus à Deppen, où ils avaient attaqué le 6e corps de la grande armée, qui les culbuta dès le premier choc. Ils perdirent cinq mille hommes tant tués que blessés. Le maréchal Ney se montra fort intrépide dans cette affaire qui lui fit grand honneur.

Le 9 juin, à Guttstad, un corps d'armée russe de quinze mille hommes veut nous disputer le passage de Glottau ; ils ne purent tenir devant l'ardeur de nos troupes ; on les dispersa, après leur avoir fait mille prisonniers. Et le 10 juin, à Heitsberg, les Russes, attaqués dans leurs retranchements, sont contraints à les abandonner le 12.

Le 14 juin, à trois heures du matin, Napoléon parut devant Friedland, au moment où l'armée russe, débouchant par le pont de cette ville, était déjà aux prises avec les corps des maréchaux Lannes et Mortier. Aux premiers coups de canon qui se firent entendre, Napoléon s'écria : « C'est un heureux jour, c'est l'anniversaire de Marengo ! » Deux heures après, ses troupes étaient rangées en bataille, et l'ennemi qui, vainement jusqu'alors, avait tenté de s'ouvrir un passage, achevait de déployer ses forces. Toutefois, l'action ne s'engagea chaudement qu'à cinq heures et demie du soir. La gauche des Russes est aussitôt attaquée et leurs colonnes chargées à la baïonnette et acculées sur l'Aile ; leur garde impériale à pied et à cheval, une partie de leur centre et de leurs réserves sont enfoncées par les divisions Bissot et Dupont, qui en font un grand carnage.

Les Russes se replient en désordre dans Friedland, où ils tâchent de se former de nouveau, mais toute résistance est inutile. Bientôt ils se mirent dans le plus affreux désordre ; les uns, en cherchant à se frayer une route, se firent écraser ; d'autres se noyèrent ; d'autres, se précipitant vers un gué qu'on leur indiqua, s'échappèrent en sacrifiant bagages et artillerie. Ils s'enfuirent pêle-mêle jusqu'à Tilsitt.

Nos troupes les poursuivirent jusqu'à onze heures du soir ; ils laissèrent quinze à dix-huit mille morts sur le champ de bataille, quatre-vingts canons et beaucoup de caissons, et eurent vingt-cinq généraux tués, blessés ou faits prisonniers. De notre côté, nous n'eûmes que trois à quatre mille hommes mis hors de combat. Le nombre des prisonniers russes s'éleva à dix-huit mille environ.

19 juin.—Le quartier général de la grande armée s'établit à Tilsitt.

25 juin.—Première entrevue des empereurs Napoléon et Alexandre dans un pavillon élevé sur un radeau au milieu du Niémen à Tilsitt.

7 juillet. — Traité de paix conclu à Tilsitt entre la France et la Russie.

Campagne de 1812.

La paix de Tilsitt ne devait pas avoir une longue durée et allait cesser en 1812. C'est la Russie, qui alors provoqua une nouvelle levée de boucliers ; c'est elle qui, sous des prétextes frivoles, concentra en Pologne de grands rassemblements de troupes et qui jeta le gant de bataille à la France. Sur ce point, pas d'incertitudes, pas de doutes possibles. Napoléon, se préparant à attaquer la Russie, la Prusse lui promet vingt mille hommes (24 février), et l'Autriche un contingent (24 mars). La Russie lance son ultimatum (24 avril) : elle veut que la dynastie de Ferdinand soit reconnue en Espagne et que les Français se retirent derrière le Rhin. On voit par cet ultimatum qu'elle rompt ainsi les clauses principales du traité de paix de Tilsitt. Napoléon répond à cet ultimatum en mettant sur pied toutes les forces disponibles de la France.

9 mai. — Napoléon est à Dresde où il tient une véritable cour de rois. Il quitte Dresde le 29.

22-24 juin. — L'armée française opère le passage du Niémen et de la Wilna ; elle se compose de cinq cent soixante-dix mille hommes, soixante mille chevaux, dix-huit cents pièces de canon : toutes ces troupes sont réparties en dix corps d'armée.

24 juin. — Les Russes se retirent sur la Dana.

20 juillet. — Passage de la Dana.

25 juillet. — Combats de Mohilow. Le général Bragation est défait par Davoust, toutes les positions sont enlevées. Les Russes, dans cette affaire, ont près de trois mille hommes tués et blessés et environ mille prisonniers. Notre perte ne fut que de sept cents hommes.

25 juillet. — Nous continuons notre marche en avant, au delà de Poltotsk, rude rencontre d'Ostrowno qui précède l'occupation de Vitepsk. Le général russe, Ostermann, avec une partie de la cavalerie de la garde, fut rencontré à deux lieues environ d'Ostrowno par le

général Nansouty, qui commandait les divisions Bruyère et Saint-Germain et le 8ᵉ régiment d'infanterie légère. Le combat fut aussitôt engagé, et dans les diverses charges de cavalerie, qui toutes nous furent favorables, notre cavalerie légère se couvrit de gloire, et notamment la brigade Pyré, composée du 8ᵉ de hussards et du 16ᵉ de chasseurs. Cette cavalerie enleva les batteries qui avaient été dirigées contre elle et culbuta la cavalerie russe, presque toute composée de la garde. Les ennemis, repoussés au delà d'Ostrowno, rassemblent de nouvelles forces, et, avec vingt mille hommes, attaquent le roi de Naples, mais sont battus après un combat opiniâtre.

Le 27, la division Delzon eut un nouvel engagement à soutenir contre les Russes; après une résistance qui dura plus d'une heure, les ennemis furent chassés de toutes les positions. Dans cette mêlée, deux cents voltigeurs s'étaient engagés au milieu de la cavalerie russe et se défendaient avec un grand courage. L'empereur, qui observait non loin de là l'armée ennemie, frappé de leur belle contenance, envoya demander à quel corps ils appartenaient. « Au 9ᵉ, répondirent-ils, et presque tous enfants de Paris. » « Allez leur dire, s'écria Napoléon, que ce sont de braves gens et qu'ils ont tous mérité la croix. » Les trois combats d'Ostrowno firent tomber dans nos mains dix pièces de canon russes attelées, dont les canonniers avaient été sabrés, vingt caissons de munitions et quinze cents prisonniers. Les Russes laissèrent près de six mille hommes sur le champ de bataille. Notre perte n'excéda pas douze cents hommes.

Le 28, nous entrons à Vitepsk; et le 29, les Russes sont atteints et battus par Oudinot à Sivochina. Le 1ᵉʳ août, le maréchal Oudinot, au combat de la Drissa, leur fait perdre de six à sept mille hommes et leur enlève quatorze canons.

A Kobryn, les Russes sont battus (12 août). Le 14, à Krasnoï, ils sont repoussés, mais opposent à notre cavalerie une vigoureuse résistance. L'armée française s'avançait vers Smolensk où l'on s'attendait à une grande bataille; mais les généraux Bareloy et Bagration l'évitent. La ville de Smolensk est enlevée de vive force (18 août), avec de grandes pertes. Les Russes, en se retirant, incendient les villes et dévastent la province. Le général Gouvion Saint-Cyr est vainqueur à Polostk et est fait maréchal de France.

7 septembre. — Bataille de la Moskowa. Enfin près de la Moskowa, dans la position de Borodino, à vingt lieues de Moscou, une

grande bataille est livrée. L'armée russe met en ligne environ cent-trente mille hommes qui occupent des hauteurs garnies d'artillerie. Mais rien n'arrête l'élan de nos régiments; la bataille avait commencé à six heures du matin, et à huit heures les Russes étaient chassés de leurs positions, leurs redoutes enlevées, leur artillerie remplacée sur tous les mamelons par l'artillerie française. Cependant leur courage n'est pas abattu, et ils viennent avec intrépidité attaquer ces mêmes positions dont ils ont été débusqués.

Mais trois cents pièces de canons, servies à boulets et à mitraille, plongent sur eux, renversent et écrasent tout ce qui se présente sous leurs coups. Les redoutes de droite sont enlevées et notre grosse cavalerie charge les colonnes russes avec tant de vigueur qu'elles sont obligées de se débander. La perte des Russes a été évaluée à cinquante mille hommes et la nôtre à environ dix mille. Cette bataille nous ouvre les portes de Moscou, où notre armée espérait prendre ses quartiers d'hiver. Nous y entrons le 14 septembre; le 15, le gouverneur Rotopchin incendie la ville. Des négociations sont ouvertes et nous font perdre un temps précieux.

13 octobre. — Première neige. Nous n'avons pas de vivres et d'approvisionnements, et le 18, Napoléon fait commencer la retraite. Le 23, la ville est complétement évacuée. Dans cette retraite désastreuse, bien des combats seront livrés, et prouveront encore l'indomptable énergie de nos soldats. S'ils succombent et meurent, et jonchent de leurs cadavres les routes désertes de la Russie, c'est que le froid a gelé leurs membres, c'est que le froid a brisé leurs entrailles. Mais les Russes ne nous ont pas vaincus, ils nous ont harcelés, décimés, et ne se sont pas véritablement mesurés avec nous.

Le 26, à Malaiaro-Slavertz, le prince Eugène repousse les Russes et leur fait éprouver une perte de huit à dix mille hommes.

3 novembre.—Ils sont également repoussés à Viarma par notre arrière-garde. On comptait pouvoir trouver des vivres à Smolensk. L'espérance d'atteindre cette ville soutenait le courage de nos malheureux soldats déjà décimés par la faim et par la gelée. Il semblait que là on trouverait l'abondance et le repos; mais c'était un espoir trompeur : la distribution des vivres fut insuffisante pour pouvoir en délivrer à tous, et les traîneurs, les soldats qui n'étaient plus avec leurs corps ne purent en obtenir. Il n'y avait à Smolensk ni magasins fournis, ni refuge; les chevaux meurent au bivouac et en route.

Du 18 au 19 novembre, vingt-cinq mille Français manquant de tout, résistent près de Krasnoi à une armée de cent mille Russes, bien approvisionnée.

PASSAGE DE LA BÉRESINA.

Le 27, à deux heures après-midi, l'Empereur, au milieu de sa garde, établit son quartier-général à Zemblin, sur la rive droite de la Bérésina, laissant derrière lui, sur l'autre rive, une foule dont les continuelles fluctuations présentaient l'image animée, mais effrayante, de ces ombres malheureuses qui, selon la Fable, errent sur les bords du Styx. La neige tombait à gros flocons ; un vent affreux soufflait avec violence et rendait encore le froid plus aigu. Pour comble de disgrâce, on manquait de bois, et pour éviter d'être gelés, les soldats et les officiers n'avaient d'autre moyen de se réchauffer qu'une agitation perpétuelle. L'armée ne passait que lentement ; quoique l'un des ponts fut réservé pour les voitures, et l'autre pour les fantassins, l'affluence était si grande, et les approches si dangereuses, qu'il était impossible de se mouvoir. Malgré ces difficultés, les gens à pied, à force de persévérance, parvenaient à se sauver ; mais le 28, vers les huit heures du matin, le pont réservé pour les voitures et les chevaux s'étant rompu, les bagages et l'artillerie s'avancèrent vers l'autre pont, et tentèrent de forcer le passage. Alors s'engagea une terrible lutte entre les fantassins et les cavaliers ; tous voulaient s'élancer à la fois ; entassés les uns sur les autres, ils se pressaient, se froissaient, se culbutaient avec le plus grand acharnement ; bientôt ce ne fut plus que véritable carnage, et les cadavres des hommes et des chevaux obstruaient à tel point, qu'il fallait monter sur les corps de ceux qu'on avait écrasés. Le 28, nos troupes sont attaquées tout à la fois sur la rive droite et sur la rive gauche de la Bérésina, et nous soutenons avec honneur un double combat contre toutes les forces russes réunies ; le maréchal Victor recueille les blessés, les bagages, l'artillerie et les traîneurs qui sont encore à la rive gauche. — Le 29, les ponts sont brûlés, et l'armée se dirige sur la route de Vilnax.

Napoléon fut sublime au milieu de ces désastres ; le maréchal Ney, Eugène de Beauharnais, admirables d'abnégation, de sang-froid ;

Napoléon marchait en tête des restes de la vieille garde ; dans tous les engagements, c'était lui qui la guidait. « Il y a assez longtemps que « je fais l'Empereur, disait-il en tirant son épée, il est temps que je « fasse le général. »

5 décembre. — L'empereur quitte l'armée pour se rendre en hâte à Paris. Il confère le commandement au prince Murat.

Le froid augmente toujours d'intensité, il s'élève à 28 degrés; quarante mille hommes qui peuvent encore marcher et combattre arrivent à Wilna, dénués de tout, trois armées russes les poursuivent.

16 décembre. — Évacuation de Kowo et passage du Niemen.

26 décembre. — Combat de Picktiponem, à la suite duquel les Russes abandonnent Tilsilt. Le général Bachelu s'y couvre de gloire, et nos troupes y montrent une admirable vigueur. Les Russes purent juger dans cette rencontre qu'ils allaient bientôt retrouver devant eux des régiments inébranlables ; car l'empereur était à Paris, faisant appel au dévouement de la France, rappelant d'Espagne cent mille hommes de vieilles troupes, pressant de toutes part de nouvelles levées. En même temps qu'il organisait une nouvelle armée, la défection de la Prusse se dessinait, la Suède se déclarait contre la France, et Murat, préoccupé de ses intérêts dynastiques quittait l'armée pour se rendre à Naples. L'Autriche se concerte secrètement avec la Russie et l'Angleterre.

Campagnes de 1813.

8 janvier. — Le prince Eugène prend le commandement de l'armée.

8 février. — Les Rueses sont à Varsovie.

4 mars. — Occupation de Berlin par les Cosaques. Désormais nous allons avoir à combattre les Russes et les Prussiens.

21 mars. — Leurs armées combinées s'emparent de Dresde. Les États d'Allemagne font aussi défection.

L'empereur quitte Paris. Il est à Francfort le 25 avril : de là, il se rend à Weimar. L'armée du prince Eugène est forte de cent mille hommes et de trois cents pièces de canon. Le prince, instruit de l'arrivée prochaine de Napoléon, commence à menacer le flanc droit et les derrières de l'ennemi.

Le 3 mai s'engage la bataille de Lutzen contre les Russes et les Prussiens ; le centre de la bataille était le village de Kaia, point de la plus haute importance, car il couvrait Lutren et la route de Leipsick. On le disputa avec acharnement ; il fut pris et repris plusieurs fois : les conscrits de la France se mesuraient avec les étudiants de la Prusse et rivalisaient avec eux de bravoure et d'audace.

L'empereur Alexandre et le roi de Prusse suivaient à distance les chances de la bataille ; Napoléon, lui, est au milieu du feu au plus fort de la mêlée, il est là qui excite ses jeunes bataillons du geste et de la voix : « C'est la journée de la France, leur crie-t-il, la patrie vous regarde, sachez mourir pour elle. » Nous restâmes maîtres du champ de bataille. et le général Wittgenstein abandonna le champ de bataille à une armée inférieure en nombre à la sienne. Nous poursuivons les coalisés avec vigueur pendant une heure et demie ; mais, malgré les brillantes charges de notre cavalerie. nous ne pûmes profiter complétement de notre victoire. La perte des coalisés s'éleva à trente mille hommes ; la nôtre fut de dix mille.

Après quelques affaires de peu d'importance, l'armée française entra dans la capitale de la Saxe, dont l'empereur de Russie et le roi de Prusse étaient sortis le matin même (12 mai). Arrivée du roi de Saxe à Dresde (15 mai). Le duc de Tarente repousse l'arrière-garde ennemie sur Bautzen.

Bataille de Bautzen.

Les alliés s'étaient ralliés sur Bautzen, ville située sur les frontières de la Saxe et de la Silésie ; là leur armée, grossie par des renforts, attendait une nouvelle bataille dans une position jugée inexpugnable. Le 19 mai, Napoléon était, à dix heures du matin, devant Bautzen ; il employa toute la journée à reconnaître les positions de l'ennemi : le front de l'armée russe pouvait avoir une lieue et demie ; elle était répartie dans deux positions qui s'appuyaient à des villages et à des mamelons retranchés. Le combat s'engagea dès le 19 mai. Le village de Kœnigswarta fut pris et repris. Après trois heures de combat, le village de Weissig fut emporté, et les Prussiens rejetés de l'autre côté de la Sprée, la droite de la position russe se trouvait débordée. Le lendemain, 20, Napoléon se porta, à huit heures du matin, sur la hauteur en arrière de Bautzen ; il donna ordre, au duc de Reggio, de passer la Sprée et d'attaquer les montagnes qui appuyaient la gauche de l'armée alliée ; au duc de Tarente, de jeter un pont sur chevalets sur la Sprée ; il chargea le duc de Dalmatie, qui avait le commandement supérieur du centre, de passer la Sprée pour inquiéter la droite des Russes, et enfin il ordonna au prince de la Moskowa de tourner la droite de l'ennemi, et de se porter sur Weissemberg. A midi, la canonnade s'engagea ; le duc de Tarente n'eut pas besoin de jeter son pont sur chevalets, il trouva devant lui un pont de pierres, dont il força le passage. Après six heures de canonnade et plusieurs charges que firent sans succès les Russes et les Prussiens, le général Compans fit occuper Bautzen, tandis que presque dans le même temps le village de Niedkain était enlevé par les troupes du général Bonnet, qui enleva ainsi au pas de charge un plateau qui le rendit maître de tout le centre de la position ennemie. Le duc de Reggio s'empara des hauteurs, et à sept heures du soir l'ennemi fut rejeté sur sa seconde position. La perte des Russes, dans cette journée, fut immense ; on peut la porter à vingt mille hommes, sans exagération ; la nôtre s'éleva à douze mille hommes, tant tués que blessés. Les victoires de Lutzen et de Bautzen avaient rétabli les affaires de la France et rendu à nos troupes toute leur confiance dans le génie militaire de l'Empereur. Mais après ces deux grandes batailles, des négociations s'entamèrent, et le 4 juin on signa à Plewitz un armistice Il se prolonge jusqu'au 15 août, et les hostilités recommencent. Cette fois, l'Autriche, qui a levé le masque, entre franchement dans la coalition. Elle est au grand complet, et elle a pour diriger ses troupes Moreau et Bernadotte. Le 26 et le 27 août, les alliés passent l'Elbe et viennent attaquer Dresde ; Napoléon accourt au secours de cette ville, les bat complétement et les repousse dans les montagnes de la Bohême. C'est dans cette bataille que Moreau est blessé à mort. Nous faisons aux coalisés, dans cette journée, vingt mille prisonniers et nous leur prenons soixante canons.

Désormais, l'action des troupes russes se trouve mêlée et confondue avec l'action des troupes de la coalition ; nous ne les trouvons plus, dans le cours de cette campagne de 1815, agissant isolément, et nous n'avons plus qu'à mentionner rapidement les dernières affaires auxquelles ils prennent part.

A Leipsick (18 octobre), se livre cette grande bataille qu'on a appelée la bataille des peuples, et dans laquelle plus de trois cent mille hommes se ruèrent sur notre armée, qui en comptait cent soixante mille.

Jamais pareilles masses n'avaient été mises en mouvement, jamais on n'avait vu une aussi formidable artillerie vomir la mort dans les rangs pressés des armées.

Nos soldats, comme toujours, furent intrépides, et nous nous maintenions avec fermeté sur le champ de bataille, lorsque la trahison d'un corps considérable de Saxons vint changer la face de la journée. Le 7 novembre, nous avons repassé le Rhin, et l'on se fortifie sur toute la ligne.

Campagne de France, 1814.

Les armées coalisées ont aussi passé le Rhin dans les derniers jours de décembre, après avoir violé la neutralité de la Suisse. Elles pénètrent par plusieurs points dans l'intérieur de la France, avec des forces qui s'élèvent à plus de cinq cent mille hommes et des renforts ne cessent d'être dirigés de l'Allemagne pour en augmenter le chiffre.

7 janvier. — Occupation de Vezoul, Epinal.

16 janvier. — Occupation de Nancy, Langres, Dijon. Le maréchal Augereau vient secourir Lyon qui allait être occupé par les Autrichiens (21 janvier).

Le 26 janvier, Napoléon porte son quartier général à Châlons-sur-Marne. La grande armée, dont il prend le commandement, ne se compose plus que de soixante-dix mille hommes, y compris la jeune et la vieille garde. Les régiments de ligne comptent dans leurs rangs un grand nombre de très-jeunes soldats ; Napoléon, avec cette faible armée, va lutter pendant trois mois contre les masses russes, prussiennes, bavaroises, saxonnes, et lutter avec succès : chaque succès sera pour l'ennemi un échec, si ce n'est une défaite.

Le 27 janvier, il attaqua l'ennemi à Saint-Dizier et le repousse avec perte.

29 et 30. — Bataille de Brienne. — Dans cette bataille, deux fois les colonnes russes escaladèrent le château sur plusieurs points, deux fois elles furent chassées à la baïonnette. Les cours de l'intérieur et

surtout le parc du château étaient jonchés de morts; on se battit ensuite dans la grand'rue; les maisons furent prises et reprises, tous les corps se trouvaient pêle-mêle dans cette boucherie qu'éclairait l'incendie de la ville. Vers minuit, le feu cessa de part et d'autre. Les Russes, le lendemain, se retirent par la route de Bar, après avoir essuyé une perte de plus de trois mille hommes.

9 février. — Napoléon est à Sezanne avec le gros de son armée à quatre lieues de là, auprès du village de Champaubert, il bat complétement les colonnes russes qui avaient évacué Brienne. Douze cents hommes restent sur le champ de bataille, on fait deux mille trois cents prisonniers.

11 février. — L'empereur atteint le général Sacken et le défait. Les Russes perdent quatre mille hommes, vingt-cinq canons et presque tous leurs bagages. Notre perte est évaluée à deux mille hommes.

En vingt jours, Napoléon a battu successivement tous les corps de l'armée de Silésie et les a jetés entre la Marne et l'Aisne.

14 février. — Combat de Vauchamps. Blucher est mis en déroute, et malgré l'obscurité de la nuit, la cavalerie française entoure et sabre trois carrés de troupes russes et poursuit les autres jusqu'à Stoges.

A Nougis, le corps russe de Wittgenstein est mis en déroute; il était en marche sur Paris. Ce corps perd cinq mille hommes, autant de prisonniers et 12 canons.

22 février. — La division Royer arrête et repousse le corps russe de Saken au combat de Mery-sur-Seine. On peut citer sur ce combat une anecdote qui peint le caractère du soldat français. C'était le jour du mardi gras : nos conscrits, ayant trouvé des masques dans une boutique, les prirent et se battirent masqués.

24 février. — Nous entrons à Troyes après plusieurs actions particulières. Mais nous sommes bientôt contraints de nous replier, et pendant que Napoléon se dirigeait avec une partie de ses forces par Arcis-sur-Aube, sur Sézanne, les ducs de Trévise et de Raguse, trop faibles, malgré leur jonction, pour arrêter toutes les forces de Blucher, reculent jusqu'à Meaux. Napoléon pressa sa marche pour sauver cette ville, si voisine de Paris.

7 mars. — Bataille de Craonne. — Au premier choc, les Russes firent bonne contenance; et, par trop d'impatience, Ney leur donne prise sur lui, sans attendre son collégue (maréchal Victor). Il sortit en deux colonnes du bois Saint-Martin, où il s'était établi la veille,

et se mit à gravir le côteau d'Ailles dans l'espérance d'enlever d'emblée ce village ; accueilli par une terrible fusillade, il fut repoussé.

Alors la cavalerie chercha à déboucher du ravin pour le charger à fond ; mais la droite de Victor se portant à Vauclerc, et l'artillerie de la garde se mettant en batterie au centre, et s'opposant au développement de la cavalerie ennemie, rétablirent le combat. En même temps, le centre, la gauche de Victor, la cavalerie et une division de Mortier, entrèrent successivement en ligne et firent tourner la chance : l'extrême gauche pénétra dans Ouche ; et Woronzof, trop rudement rompu pour pouvoir se reformer, entraîna Socken dans sa déroute. La bataille Craone fut sanglante : elle coûta aux ennemis cinq mille hommes et à nous quatre mille soldats d'élite. La reprise de Soissons fut le prix de la victoire. — Dans cette bataille, nous n'avons eu affaire qu'aux Russes.

20-21 Mars. — Combat d'Arcis-sur-Aube. — Napoléon s'expose en soldat dans ces deux journées. Cette bataille se livre pour opérer une jonction avec le maréchal Macdonald, arrivant avec trente mille hommes. Cette jonction s'effectue, et le 23 il se dirige sur Saint-Dizier et Jonville sans être poursuivi.

25 Mars. — A Saint-Dizier, Napoléon attaque et culbute dix mille hommes de cavalerie russe qui étaient à sa poursuite ; c'est alors qu'il apprend que les alliés sont près de Paris ; il marche au secours de cette ville.

Ici se termine notre revue chronologique de nos combats et batailles livrés aux Russes ; car la bataille de Paris, à laquelle ils prirent part, fut une affaire désastreuse dans laquelle la trahison et le nombre des forces ennemies jouèrent un trop grand rôle pour qu'on s'y arrête. Des masses énormes vinrent attaquer vingt-cinq mille hommes, qui ne trouvèrent pas même en abondance les munitions nécessaires pour se défendre. Le courage des troupes fut magnanime. La conduite des autorités, pusillanime. Si Paris eût été défendu vingt-quatre heures de plus, Paris était sauvé, car Napoléon s'élançait à son secours avec sa garde et ses soldats invincibles. — Mais il n'en fut pas ainsi : Paris capitula, et la France subit le joug de l'étranger.

Imprimerie de L. Tinterlin et Cⁱᵉ, rue Neuve-des-Bons-Enfants, 3.

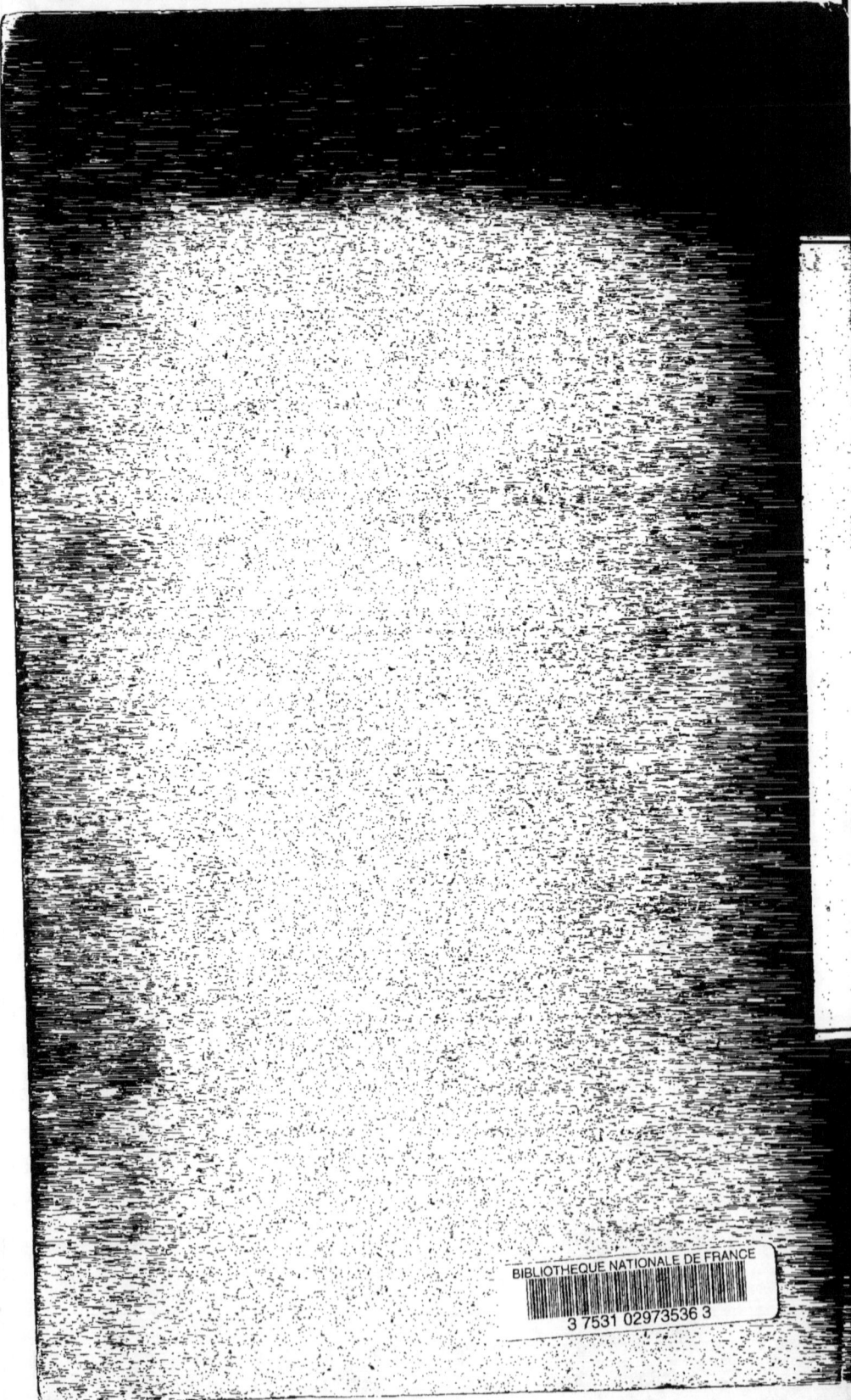

www.ingramcontent.com/pod-product-compliance
Lightning Source LLC
Chambersburg PA
CBHW061006050426
42453CB00009B/1281